DES
PROGRÈS DE LA JURISPRUDENCE
EN FRANCE

LU A LA SOCIÉTÉ DES SCIENCES ET ARTS DE GRENOBLE

DANS SA SÉANCE DU 2 FÉVRIER 1838

PAR

Frédéric Taulier

AVOCAT

PROFESSEUR SUPPLÉANT A LA FACULTÉ DE DROIT.

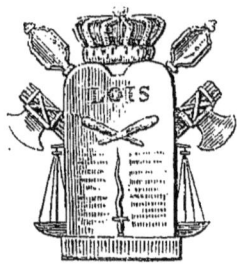

GRENOBLE

IMPRIMERIE DE PRUDHOMME.

—

1838.

Messieurs ,

C'est un sujet bien noble qui s'est offert à mes méditations et que je viens offrir aux vôtres.

« La loi en général , a dit Montesquieu, est la raison
» humaine en tant qu'elle gouverne tous les peuples de
» la terre. » (*Esprit des Lois*, liv. 1, chap. 3.)

Ainsi, messieurs, le droit est aux sociétés ce que la
raison est à l'homme. La raison est le point de ressem-
blance entre l'homme et la divinité : sans la raison ,
l'homme cesse d'être lui-même; sans le droit, la société,
qui est l'homme collectif, disparaît et s'efface.

Le droit, en effet, jette les fondements des empires ; il
définit l'autorité et l'obéissance. Tandis que la force tend
ici-bas à briser tous les équilibres, il les maintient ;
quand plusieurs nations se sont donné des limites , il
régit leurs rapports mutuels ; les masses , les familles,
les individus , la religion , le commerce , l'industrie , les
lettres et les arts sont soumis à ses principes et subissent
ses influences; il compose, embrasse et protége les inté-

rêts publics, privés, universels, et on a dit que, comme Atlas, il portait le monde.

Tout à la fois cause et effet, le droit produit la civilisation, et il est produit par elle ; il résume toute une époque, il est la peinture la plus philosophique de son esprit et de ses mœurs, il révèle la sagesse d'un peuple, ses erreurs, et même ses vices ; il nous associe à son organisation intime ; le droit, dans le passé, c'est l'histoire ; dans le présent, c'est le type social le plus vrai ; dans l'avenir, c'est l'infini.

Appelé, messieurs, à vous présenter un rapport sur les progrès du droit en France, j'ai dû m'imposer une double limite en ne remontant pas au-delà d'une certaine époque et en n'envisageant qu'une des faces d'un si vaste sujet.

Les deux dernières années m'ont surtout préoccupé, et je me suis uniquement attaché aujourd'hui à la théorie, à la science proprement dite.

Le point de vue pratique, les idées d'application, pourront être l'objet d'un travail séparé.

1° Histoire,

2° Droit romain,

3° Droit public et administratif,

Tels sont les trois éléments de la science qui m'ont paru surtout en progrès et que je vais parcourir.

L'histoire du droit est externe ou interne : l'histoire externe est celle des sources mêmes de la législation, c'est-à-dire des institutions d'où elle dérive ; l'histoire interne est celle des principes du droit et de ses dispositions particulières.

A la fin du siècle dernier, il n'existait que deux histoires du droit écrites en français, l'une de Bernardi, l'autre de l'abbé Fleury, toutes deux incomplètes parce qu'elles se bornaient à l'énumération des sources.

La plus répandue est celle de Fleury. Il nous montre à grands traits le code Théodosien, publié en 430 ou 435 par l'empereur d'Orient Théodose-le-Jeune, observé dans les Gaules lors de l'invasion des Francs, et se conservant long-temps après la chute de l'empire d'Occident sous le nom de *loi romaine*, puis les lois des Visigoths, les lois gombette, salique et ripuaire, se joignant après l'invasion à la loi romaine; régissant, celle-ci, les vaincus, celles-là, les vainqueurs, et formant ensemble le droit français sous la première race.

Le droit français se composa sous la seconde race des mêmes lois, en ajoutant toutefois les capitulaires, dont les plus remarquables sont ceux de Charlemagne ; plus tard, et pendant le dixième siècle, l'Italie et les Gaules tombèrent dans une anarchie universelle, ce fut l'époque principale du gouvernement féodal. Il s'établit de simples coutumes, qui se trouvèrent différentes par la diversité même qu'il y eut dans les usurpations de la puissance publique, dans les traités des seigneurs entre eux et avec les communes, dans le style de chaque juridiction, et dans les opinions différentes des juges.

Au milieu du douzième siècle on recommença à étudier le droit romain, non pas le droit romain renfermé dans le code théodosien, qui, après avoir été en vigueur sous les deux premières races, avait disparu dans la confusion universelle, mais bien le droit de Justinien, le droit de l'Orient, qui, dès sa promulgation de 528 à 534, avait été connu, conservé en Italie, et dont l'importation complète en France fut en quelque sorte une ère nouvelle.

Au commencement du treizième siècle on écrivit en France les coutumes. Ces premiers écrits furent principalement de trois sortes : les chartes particulières des villes, les coutumiers des provinces et les traités des praticiens. Mais ces écrits étaient sans autorité officielle ; une ordonnance de Charles VII, datée de Ménil-les-Tours, en 1453, prescrivit que toutes les coutumes seraient écrites, examinées, autorisées par le grand conseil et le parlement, et ensuite observées comme lois. Cette mesure ne fut accomplie que plus d'un siècle après la mort de Charles VII.

L'auteur ajoute quelques mots sur les ordonnances et s'arrête brusquement à Louis XIV.

Son œuvre est un exposé fidèle des diverses législations qui se sont succédé, mais leur esprit, leur influence, ne sont pas assez appréciés, l'enchaînement des époques et l'action des unes sur les autres ne sont qu'imparfaitement indiqués ; enfin l'histoire des diverses matières dont ces législations se sont occupées, c'est-à-dire l'histoire interne du droit, n'a pas même été dans la pensée de l'auteur.

M. Dupin aîné, dans la dernière édition de son *Manuel des étudiants en droit et des jeunes avocats*, a reproduit l'histoire du droit français de Fleury en la continuant jusqu'à nos jours ; mais cette continuation est d'une concision extrême : c'est l'exposé rapide des évènements plutôt que des institutions ; enfin c'est un précis tout politique.

A défaut d'histoire spéciale du droit français, il ne fallait pas autrefois chercher des aperçus généraux dans les histoires de France. Vous le savez, messieurs, l'histoire n'a été trop long-temps qu'un récit décoloré de faits matériels et qu'une flatterie de convention pour certaines idées et pour certaines personnes. On ne songeait pas à peindre les époques et leur génie, à prêter un langage aux évènements, et à y voir de hautes leçons et une sévère philosophie.

Dans notre siècle l'école historique a bien mieux compris sa mission : les sources mêmes sont interrogées, les monuments contemporains sont étudiés, analysés ; les institutions de toute nature sont scrutées, comparées, et par un habile travail de recomposition le passé est remis sous nos yeux avec sa véritable physionomie.

A la tête de ce mouvement, dont les résultats doivent être si féconds, se sont placés MM. Guizot et Thierry.

Le *Cours d'histoire moderne* par M. Guizot renferme sur les lois primitives de notre patrie des aperçus entièrement neufs et pleins d'intérêt.

Ainsi il combat cette opinion que la loi salique a été rédigée en Germanie bien avant la conquête ; il pense que sa rédaction ne remonte pas au-delà du septième siècle, à cause des dispositions, des idées et du ton de la loi, qui la rattachent à une époque où les Francs étaient depuis long-temps au milieu d'une population romaine et d'une société chrétienne.

Il fait remarquer encore, contrairement à une opinion bien légèrement admise, que la loi salique n'est point une loi proprement dite, un code rédigé et publié par une autorité légale, mais bien plutôt une énumération de coutumes et de décisions judiciaires, et il le prouve encore par le contenu de la loi même.

Enfin, la loi salique lui apparaît comme une loi essentiellement pénale, et ce fait dominant l'amène à cette grave réflexion que tel est le caractère de toutes les

législations naissantes, parce que le premier effort des
nations vers le perfectionnement de la vie civile consiste
à opposer des barrières aux excès de la liberté individuelle.

La loi des ripuaires est encore essentiellement pénale ;
cependant le droit civil y tient plus de place que dans la
loi salique. Elle est donc plus moderne ; d'ailleurs elle
institue formellement le combat judiciaire, dont il y a à
peine quelque trace dans la loi salique, et M. Guizot voit
dans cette institution même une tendance vers la civilisation. En effet, la loi salique autorisait la composition ,
c'est-à-dire la faculté donnée à l'offenseur de payer une
certaine somme pour se soustraire à la vengeance de l'offensé, qui, en acceptant la composition, devait renoncer
à l'emploi de la force. Mais l'offensé pouvait refuser,
et persévérer dans son droit de vengeance, c'est-à-dire
de guerre individuelle ; or , le combat judiciaire régula-
risait l'emploi de la force, car si l'offensé voulait faire
la guerre à son ennemi, il ne pouvait au moins la lui
faire que selon certaines formes et en présence de cer-
tains témoins.

Si la composition était un premier pas de la législation
pénale hors du régime de la vengeance personnelle ,
le combat judiciaire offrait évidemment une garantie
nouvelle.

Et permettez-moi d'ajouter, messieurs, que c'est bien
ainsi qu'il faut juger les institutions passées , en les considérant dans leurs rapports avec les époques auxquelles
elles appartiennent. Alors combien de jugements paraî-
tront faux ! combien de déclamations s'évanouiront d'el-
les-mêmes ! Par exemple, que fut le système féodal ,
objet de tant d'imprécations, si ce n'est une forme de

gouvernement qui eut pour but de régulariser, et par
là même de détruire les abus nés de la concession des bé-
néfices ?

Ce gouvernement mit un terme à l'anarchie, il donna
une organisation à la société prête à se dissoudre, il eut
son but, il accomplit sa mission selon les desseins de la
Providence, comme, selon les mêmes desseins, la monarchie absolue accomplit plus tard la sienne en prépa-
rant le système constitutionnel, qui a aussi ses destinées
à parcourir. Il n'est donc pas rationnel de décrier les
institutions d'autrefois en ne s'attachant qu'à leurs conséquences fâcheuses. Tout système, toute loi, mauvais
en eux-mêmes, ont été sages dans un sens relatif, ils ont
été parce qu'ils devaient être. Au temps de la féodalité
on disait sans doute : Point de terres sans seigneurs; mais
on disait aussi : Point de seigneuries sans justice, et la
féodalité a peut-être sauvé la vie à la première liberté des
peuples. La grande loi de l'humanité c'est la faiblesse,
c'est le tâtonnement, et, sachons le reconnaître, c'est à
ce prix qu'est le progrès.

L'impulsion donnée aux études historiques en général,
l'heureuse application qui en était faite en passant aux
vérités du droit, devait réagir utilement sur l'étude par-
ticulière de l'histoire de cette science.

Dans un article publié en 1835 par la *Revue de législation et de jurisprudence*, recueil qui rend à la science
d'éminents services, M. Troplong conviait les esprits à
cette étude.

« Oui, disait-il, l'histoire des progrès de notre droit
» est à refaire en entier sur de nouveaux frais, et celui
» qui parviendra à la traiter avec cette impartialité philo-
» sophique qui est la vertu de notre époque fera un

» livre non-seulement utile , mais encore neuf et ori-
» ginal. »

Déjà M. Laferrière, avocat à Bordeaux, était à l'œuvre,
et en 1836 il a publié un volume intitulé : *Histoire du
droit français.*

C'est tout à la fois l'histoire des sources et des dispositions qui en découlent.

Il me semble que l'auteur aurait dû s'emparer des objets du droit, et les suivre depuis leur origine jusqu'à leur
état actuel, en nous faisant ainsi assister à leur développement progressif ; nous montrer, par exemple, les personnes, les biens, la manière de les acquérir et de les
transmettre, la procédure, les peines naissant du droit
romain et de l'élément germanique, et passant par de
nombreuses transformations pour se résumer aujourd'hui
en systèmes nouveaux ; les institutions politiques, les
sources, les périodes diverses de la législation auraient
naturellement trouvé leur place dans l'histoire de ces essais divers et de ces vicissitudes de la pensée humaine ;
l'on aurait pu apprécier par ce tableau les phases si va-
riées de l'état social , il aurait renfermé l'histoire des
lois et l'histoire de la société jugée par les lois. Ses différentes parties auraient pu être liées entre elles et former
un ensemble chronologique par les détails, systématique
par l'unité.

Tel est mon sentiment sur la manière de créer une histoire du droit ; tel n'est pas celui de beaucoup d'autres ,
qui ont fait des programmes assez vagues ; tel n'a pas été
celui de M. Laferrière.

Négligeant le droit public pour se renfermer dans la
spécialité du droit civil, il a choisi l'ordre exclusif des
sources , et passant sous silence, je ne sais pourquoi ,

les lois barbares en vigueur sous les deux premières races, il a divisé son ouvrage en cinq livres : droit civil de Rome, droit romain, droit coutumier, droit canonique et ordonnances ; en sorte qu'il y a, pour ainsi dire, cinq histoires sous une dénomination unique.

L'auteur a bien senti le vice de cet isolement, et, pour le faire disparaître sous une apparence d'unité, il s'est créé une sorte de pensée fixe, une proposition générale, dont son travail est le développement et la démonstration.

Et voici comment il s'exprime lui-même dans son introduction : « Manifester par l'histoire le rapport essentiel » et philosophique du droit romain avec le christianisme » et leur association dans le monde comme éléments ci- » vilisateurs ; considérer le droit romain dans ses luttes » et ses combinaisons avec les divers autres éléments de » la société pour la formation et le développement *du* » *droit français* ; saisir et suivre dans sa marche, ses in- » terruptions, ses alliances, ses transformations, la » pensée civilisatrice qui des capitulaires a conduit nos » lois civiles, à travers les révolutions de la féodalité et » de la monarchie française, jusques au code du dix- » neuvième siècle, telle est l'idée de ce livre. »

Dès lors, quand M. Laferrière emprunte des dispositions particulières aux sources qu'il parcourt, il les expose moins pour instruire le lecteur et abandonner cet exposé à des appréciations qui peuvent être diverses que pour défendre sa thèse favorite.

L'auteur a donc bien prémédité son œuvre ; il a voulu la faire telle qu'elle est, et en la considérant en elle-même, il faut reconnaître que cette œuvre est noble-ment accomplie ; la pensée est toujours large et philoso-

phique, et le style, toujours pur et brillant, s'élève parfois
à une véritable éloquence.

En traitant du droit coutumier, M. Laferrière a recherché quelle était l'origine des coutumes : dérivent-
elles des lois barbares, du droit germanique, ou bien
sont-elles nées de la féodalité ? La solution de ce problème
historique a pour but de connaître leur véritable esprit.

M. Laferrière rappelle que, avant l'époque féodale,
les peuples avaient des lois bien connues, nommées *loi
salique*, *loi des ripuaires*, *loi gombette*, *loi romaine*; il en
conclut que, avant la féodalité, nos coutumes, à proprement parler, n'existaient pas.

Il insiste ensuite sur l'époque de leur formation,
sur les matières qui les composent, sur leurs relations
avec les lois antérieures à la féodalité, sur les maximes
qu'elles nous ont transmises, et il est évident à ses yeux
que les coutumes réfléchissent la féodalité dans l'ordre
civil.

Dans un article publié en 1836 par la *Revue de législation*, M. Klimrath, docteur en droit à Strasbourg, a
fortement combattu cette opinion.

Il a rappelé cette vérité, que les lois antérieures à la
féodalité étaient si peu exclusives de la coutume, qu'elles
n'étaient au contraire que les coutumes des Francs, des
Bourguignons, etc. ; il tire d'autres inductions que
M. Laferrière de l'examen des institutions coutumières,
et, pour repousser cette objection que les anciennes lois
étaient *personnelles*, tandis que les coutumes étaient
réelles, il demande s'il est légitime de conclure de cette
transformation toute extérieure dans la force obligatoire
à une altération essentielle dans la nature des principes.
Selon lui, le droit coutumier n'est point né du droit féo-

dal ; c'est, dit-il, le droit féodal qui en est un épisode,
ou, si l'on veut, un chapitre.

S'il m'est permis d'apporter, au milieu de ce grave
débat, mon avis personnel, je dirai que, par suite de
l'indépendance des ducs et comtes, vers le milieu du
neuvième siècle, il n'y eut plus de pouvoir législatif cen-
tral, les relations sociales se démembrèrent comme l'empire de Charlemagne, qui leur avait un instant donné de
l'unité, la société se divisa non pas selon la diversité des
races, mais selon la mesure des idées et des relations
mêmes ; des gouvernements locaux, taillés à leur pro-
portion et possibles seulement avec cette exiguité, s'éta-
blirent de tous côtés. Les races étant ainsi confondues,
les lois barbares, qui jusqu'alors avaient été personnelles, c'est-à-dire distinctes selon les races, durent se
perdre dans ce vaste mélange. Les seigneurs rendirent la
justice arbitrairement ; la justice fut patrimoniale, elle
fit partie de la souveraineté, et les lois, en devenant territoriales ou distinctes selon les lieux, et par conséquent
très-multiples dans leur forme, le devinrent nécessairement dans leurs principes : dès lors il y eut non pas
seulement modification des lois barbares, mais création
de lois nouvelles, de systèmes nouveaux. La féodalité,
sans doute, n'inventa pas complètement le fonds de toute
chose ; il y avait avant elle une organisation de la famille, un système de propriété et de successions, et il est
impossible de créer des institutions tellement neuves,
qu'aucune d'elles ne se rattache plus ou moins au passé ;
mais la féodalité formula certainement ses théories à elle,
animées de sa pensée, vivifiées de son esprit ; elle eut ses
doctrines en quelque sorte primitives ; elle enfanta, en
un mot, les coutumes, dont la prodigieuse diversité est

le produit inévitable d'une telle cause essentiellement fragmentaire; et alors il ne faut plus dire avec M. Klimrath que le droit féodal fut un chapitre du droit coutumier, mais que le droit coutumier fut un livre original, écrit par la féodalité, et auquel les vestiges des lois barbares servirent tout au plus de préface.

M. Laferrière exprime encore dans son ouvrage une opinion combattue par M. Klimrath sur l'origine de la communauté entre époux, puis des idées qui ne peuvent être contestées sur l'origine des baux à cens, des rentes foncières et des reconnaissances passées aux seigneurs ; je ne puis, messieurs, entrer dans tous ces détails.

En 1837, il a paru un second volume de l'ouvrage de M. Laferrière ; il contient l'histoire du droit depuis 1789. C'est donc une histoire presque contemporaine, et qui dès lors perd de son intérêt scientifique. Je n'ai pas pu me procurer ce volume assez tôt pour vous en rendre compte.

Sans une mort prématurée, qui a enlevé à la science, au milieu de profondes études, M. Klimrath, dont je vous entretenais tout à l'heure, nous aurions eu bientôt, messieurs, une autre histoire du droit, conçue sur un autre plan, écrite dans un autre esprit.

Les prédilections de M. Laferrière sont pour le droit romain, celles de M. Klimrath étaient pour le droit coutumier. M. Laferrière fait une part très-large aux influences du droit romain sur l'état actuel de la société civile ; il le représente comme l'ayant pénétrée de son principe rationnel, comme ayant accompli une mission civilisatrice en luttant contre les coutumes qui, nées de la féodalité, exprimaient la réaction de la force contre l'esprit du christianisme et les idées d'égalité entre les hommes. Il le montre enfin comme s'emparant de ce que les coutumes et la jurisprudence pouvaient renfermer de conforme à sa nature, puis dépouillant son nom antique et distinctif, et épuré par la science et la civilisation modernes, s'appelant le droit civil français.

M. Klimrath, dans l'article que j'ai indiqué plus haut, nie cette supériorité d'influence du droit romain; il accuse à son tour la rigueur des principes et des théories d'une législation qui, tout en proclamant avec une stérile générosité l'égalité entre les hommes, organisait l'esclavage et la perpétuité du despotisme paternel, et il revendique pour le droit coutumier, dont il fait un droit national, le privilége d'avoir fondé la science du droit moderne. C'est sous cette inspiration qu'il devait écrire l'histoire du droit public et privé de la France. Vous voyez, messieurs, qu'une lutte historique, pleine d'intérêt, se serait ainsi engagée entre le représentant du Nord et celui du Midi.

Cette lutte n'est qu'indiquée, mais c'est un germe qui peut devenir fécond.

Au reste, la *Revue de législation* a pieusement recueilli une introduction de M. Klimrath au livre qu'il devait achever et plusieurs chapitres de ce livre même. En présence de cette œuvre ébauchée on doit donner à la perte du jeune savant de bien sincères regrets.

Peu de temps avant sa mort, M. Klimrath avait achevé et publié dans la même *Revue* un vaste et profond travail intitulé : *Etudes sur les coutumes*. Il contient l'histoire très-détaillée de leur rédaction, puis leur géographie, et l'auteur a tracé une carte pour mieux distinguer les pays régis par des coutumes générales ou locales, et ceux qui étaient régis par le droit romain. Il retrace ensuite les dispositions des coutumes en se restreignant toutefois aux coutumes générales et aux dispositions du droit civil. Cette partie des recherches de M. Klimrath offre le plus vif intérêt. Ce qui frappe d'abord c'est la prodigieuse diversité de la législation coutumière; elle divise les individus en capables et incapables. Mais les conditions de capacité varient à l'infini ; l'âge de la majorité varie lui-même ; la puissance maritale est proclamée, mais ses conséquences sont très-diverses ; cependant cinq coutumes seulement exigent le consentement du mari pour la faculté de tester accordée à la femme. Il n'y a que trois coutumes qui excluent la communauté, et, sur ces trois, deux consacrent le régime dotal ; mais les systèmes de la communauté, qui est le droit général, diffèrent singulièrement entre eux. Peu de coutumes admettent la tutelle testamentaire ; la puissance paternelle ne s'exerce que pendant le mariage sur les enfants communs, après la dissolution du mariage par la mort de l'un des conjoints, le survivant a la garde des mineurs, qui est une sorte de tutelle légitime ; les droits d'aînesse et de masculinité sont généralement admis, mais leur application donne lieu à treize systèmes, qui ont en outre leurs variantes.

L'auteur voit dans ces diversités mêmes une vive image de cette France du moyen âge, si bigarrée en apparence, mais si riche, dit-il, dans les manifestations spontanées de son activité nationale; puis il ajoute que sous cette multiplicité de formes il y a dans les coutumes unité de vues, identité d'esprit, et que celui qui parviendrait à dégager pure et brillante cette unité préparerait les éléments de l'interprétation la plus sûre et la plus large qui puisse se faire du code civil.

Voilà , messieurs , une grande pensée offerte aux amis des études historiques ; elle est certainement du nombre de celles que le présent accepte au profit de l'avenir.

Si l'on peut , en effet , par suite de sympathies tradi-tionnelles , revendiquer pour le droit romain ou pour le droit coutumier une part plus ou moins large de coopé-ration au droit actuel , il est au moins certain que nos lois civiles sont aujourd'hui le double reflet du droit qui se partageait le territoire de notre ancienne patrie, qu'elles renferment même des institutions, comme la communauté entre époux, qui dérivent exclusivement des coutumes, tandis que le régime dotal est tout entier emprunté au droit romain ; d'où la conséquence incontestable que , pour éclairer soit l'ensemble, soit quelques parties de la législation présente, le passé , quel qu'il soit , renferme d'immenses richesses trop long-temps méconnues, et peut-être encore trop dédaignées.

J'ai hâte d'arriver, messieurs, à un volume plein de science et d'originalité, qui a paru en 1837 , et intitulé : *Origines du droit français , cherchées dans les symboles et les formules du droit universel* , par Michelet. Cet homme éminent , doué d'une laborieuse patience et d'une haute imagination, inspiré par cette pensée de Vico : « Que l'an-» cienne jurisprudence fut toute poétique, et que le droit » romain, dans son premier âge, fut un poème sérieux, » s'est demandé si la France a eu aussi son âge poétique, ou si , logicienne en naissant, elle a commencé son droit par la prose ; et pénétré de cette idée que dans le berceau des nations une pensée unique a présidé à la formation des législations qui bientôt sont devenues diverses, il a recherché les faits, les traditions, les symboles, les

2

formules, par lesquels les peuples historiques de l'Orient
et de l'Occident ont exprimé, selon leurs âges successifs,
les divers actes et les diverses situations de la vie civile.
Il range ses recherches sous cinq catégories : 1° la famille ; 2° la propriété ; 3° l'état ; 4° la guerre, la procédure et la pénalité ; 5° la vieillesse de l'homme et la
sépulture. C'est, selon l'expression de l'auteur, *la bio-
graphie juridique de l'homme.*

Il me serait difficile, messieurs, de résumer un recueil
de textes, mais je ne puis résister au plaisir d'analyser
l'introduction dans laquelle l'auteur essaie de systéma-
tiser l'esprit d'une longue nomenclature, de montrer,
comme il le dit, la simplicité des idées sous la diversité
des formes, et de saisir des lois immuables sous la mou-
vante action de cette divine comédie.

Dans cette introduction, empreinte d'une philosophie
tour à tour gracieuse et profonde, la puissance des idées
reçoit sans cesse un charme nouveau de la magie du
style.

Je conserverai autant que possible les expressions de
l'auteur.

1° *Famille.* — L'Inde voit dans l'enfant la reproduc-
tion de l'ame paternelle : « L'ancêtre saisit l'enfant dès
» qu'il sort du sang maternel : Te voici donc, ô mon ame,
» renée encore une fois pour dormir de nouveau dans
» un corps. » (Lois indiennes.)

Rome voit en lui un serviteur du père, un héritier qui
continuera les *sacra paterna*, qui honorera les *imagines
majorum.*

L'Allemagne voit dans l'enfant et la famille l'idée de
la propriété même : « Quelle est la mesure du plus petit
» bien ? » dit une vieille coutume allemande ; « celle du ber-

» ceau d'un enfant, et du petit escabeau pour la fille qui
» le berce. »

Le prêtre chrétien compâtit à la jeune ame de l'enfant
lancée sans défense sur l'océan de la vie ; cet océan lui
apparaît dans l'étroite cuve du baptême. L'idée de purifi-
cation domine dans le baptême chrétien ; ce n'est pas
seulement une entrée solennelle dans la vie, c'est une
initiation morale.

Si la première initiation morale est le baptême, la seconde c'est le mariage ; et c'est par mille signes muets que
l'homme s'est dit et répété ce ravissant mystère. Des peuples ont voulu que la femme passât aux mains de l'homme
sans autre dot que sa blanche robe, son voile blanc ; qu'en
elle il fût sûr de n'avoir aimé qu'elle, qu'il travaillât
pour elle : là est la beauté, la gravité du mariage, que
l'homme soit la providence de sa femme et de ses enfants.

2° *Propriété.* — La place de l'homme, ce qu'il peut
couvrir de son corps, c'est la vraie mesure de la propriété primitive. — La mesure d'un bouclier, d'une bai-
gnoire, d'un berceau, dit le droit allemand.

L'occupation se consacre et se réalise encore par la
flèche, le marteau d'armes, la pierre que l'homme va
lancer. La chevauchée est aussi une mesure d'occupation,
de donation. L'homme ne se bornerait pas s'il ne se trou-
vait des bornes dans l'homme ; où ils se heurtent, là sera
la frontière.

L'homme se croit le Dieu de la terre. C'est mon bien,
dit-il, c'est mon lot (alleu, allod), il qualifie la propriété
des noms mêmes du Dieu très-grand et très-bon : *fundus
optimus maximus.*

L'homme transmet la terre ; pour garantir cette trans-
mission, pour la persuader aux autres, il a fallu tout

un monde de symboles. Dans la tradition de la terre,
dans les débats qui s'y rapportent, le témoin principal c'est
la terre elle-même ; la glèbe est apportée devant le juge :
que cette glèbe désigne un champ ou un royaume, que
le débat soit entre Caius et Sempronius, ou bien entre
Albe et Rome, il faut que la terre comparaisse.

Au moyen âge une motte de terre était le signe de la
donation ; souvent, pour rappeler les arbres qui ornaient
la terre, on plantait une branche dans la motte ; la branche deviendra paille (*stipula*) et c'est en jetant, en
rompant la paille qu'on donne, qu'on reçoit, qu'on ac-
quiert ou qu'on renonce....... et le souvenir de cette
paille nous est resté en un mot : *stipuler*.

3° *Etat*. — La terre est tout dans le système féodal :
l'homme y est attaché, il est classé, qualifié par la terre,
il en suit le rang, il en porte le nom, il la possède, mais
il en est possédé. Le système féodal est comme une religion de la terre. Toute religion à sa langue sacrée; ici
c'est le blason. L'homme de la terre porte sa terre avec
lui, peinte sur son écu. Le champ de l'écu sera noir
comme la bonne terre labourée, vert comme l'herbe
naissante, rouge du sang de ceux qui y toucheront. Dans
ces champs d'orgueil on verra des lions, des dragons,
des aigles, des monstres qui symbolisent le mélange des
nobles familles.

La France féodale, mais non moins ecclésiastique, a
préféré les couleurs du ciel.

Les couleurs, les signes muets ont précédé les devises;
celles-ci sont la révélation du mystère féodal, elles en
sont aussi la décadence. Toute religion s'affaiblit en
s'expliquant.

Dans les derniers siècles les bourgeois qui détestent les

nobles, les jalousent pourtant et les imitent ; ils inventent un blason à eux. Les marchands, les artisans ont des signes de leur profession, puis ils mettent leurs outils sur la bannière de leurs paroisses, puis tout hardiment en écu, sur champ d'azur, de sinople ou de gueules.

Je voudrais, messieurs, pouvoir analyser de même la partie de cette introduction où l'historien exprime avec une rapide vivacité la physionomie générale des formules et des usages antiques sur la procédure, le jugement, la guerre, et faire repasser sous vos yeux le juge, le tribunal, la comparution, l'accusation, les épreuves, le duel, la sentence ; mais ici l'analyse, pour avoir une couleur, m'entraînerait hors des limites de ce rapport.

Voici toutefois, sur la pénalité, les paroles de l'auteur, empreintes d'une lugubre et effrayante vérité : « La » variété des peines, cette infernale poésie où semblent » se jouer capricieusement les lois antiques, se ramène » pourtant à deux idées simples : la loi veut ou soustraire » le coupable aux éléments qu'il souille de sa présence » (murer, coudre dans un sac, aveugler), ou bien le » rendre à la nature, le perdre au sein des éléments, » l'absorber dans la terre, l'eau, le feu ou l'air (enter- » rer vif, noyer, brûler, pendre).

» Sous toutes ces formes c'est toujours le monde » social qui replonge au monde universel l'individu qui » a voulu être sa loi, son monde à lui. Apprends, rebelle, » que tu n'étais qu'une pièce dans l'harmonie commune : » la mort t'y ramènera ; tu voulais être un tout : rentre » en l'unité. »

L'auteur recherche ensuite l'esprit des usages et des traditions relatifs à la vieillesse et à la mort.

L'homme barbare dédaignait la mort naturelle, il

supprimait par une fin anticipée la triste et pesante vieillesse. Rome fut la vraie patrie du droit. Tandis que les
barbares n'estiment que la force et méprisent l'homme
dès qu'il l'a perdue, la loi romaine fait du vieillard un
Dieu vivant pour la famille, et la mère elle-même a droit
à une sorte de culte.

Le christianisme, entre toutes les religions, a aimé la
mort, il l'a embellie à plaisir, l'a parée tendrement
comme une sœur qu'on mène à l'autel ; il a fait mieux,
il lui a changé son nom, il a juré qu'elle était la vie. Il a
appelé le dernier jour : *natalis dies.* — *Non morior sed*
» *vivam et narrabo opera Domini.* — La légende dit d'un
saint qui meurt : « Et alors il commença de vivre et cessa
» de mourir ! *et tunc vivere incœpit, morique desiit.* »

Il y a deux formes principales de sépulture : héroïque,
sacerdotale ; dans l'une, l'homme, emportant ses armes et
s'efforçant d'échapper à l'humiliation du tombeau, brave
la mort comme un ennemi ; ainsi le roi des Scythes reste
à cheval tout mort qu'il est. Dans la sépulture sacerdotale, l'homme, aux dépens de son orgueil, se réconcilie
avec la nature et se soumet à elle humblement.

Après avoir ainsi suivi la vie de l'homme dans ce qu'il
appelle sa marche épique, l'auteur, pour se rendre compte
des conceptions symboliques dont elle est pleine, représente l'homme créé à l'image de Dieu et créant à son
tour des symboles parce qu'il est symbole lui-même ; il
place en lui une idée, une force féconde, il lui donne
pour premier précepteur toute la nature ; le prêtre, le
poète, le jurisconsulte, sont primitivement le même
homme.

L'on trouve dans les formules juridiques l'idée domi-
nante de chaque nationalité ; l'auteur prouve que la

France a eu aussi ses formules et qu'une teinte de gaieté et d'ironie caractérise les usages français. Mais on ne retrouve pas en France cette abondance de symboles que nous offrent l'Inde, Rome et surtout l'Allemagne, dans leur âge primitif.

L'auteur remarque en terminant que les principaux symboles juridiques se reproduisent dans tous les pays, à travers tous les âges, et il s'écrie : « Ce fut pour moi » une grande émotion lorsque j'entendis pour la première » fois ce chœur universel. Un tel accord du monde, si » surprenant dans les langues, me touchait profondément » dans le droit. Fraternité des peuples, fraternité des » idées, je distinguais l'une et l'autre dans l'analogie des » symboles. Tout se tient encore dans ces hautes anti- » quités, parce que tout tient à l'origine commune. Les » idées les plus diverses dans leur développement m'ap- » paraissaient unes en leur naissance. Je voyais dans ces » profondeurs sourdre ensemble tous ces fleuves qui, » parvenus à la surface, s'éloignent de plus en plus. » *Omnia sub magna labentia flumina terra.* »

Cependant l'auteur avoue que la tyrannie des formes pesait trop sur l'humanité !..... Nulle idée plus que celle du droit ne mérite d'être affranchie, le droit n'est pas fait pour servir...... Rome accomplit la première l'immo-lation progressive des symboles ; de symbole en formule, de formule en langue vulgaire, elle amena le droit à la clarté, à l'équité.......

L'empire romain eut deux héritiers : l'Allemagne ultra-symbolique, la France anti-symbolique..... La France est le vrai continuateur de Rome, elle poursuit l'œuvre de l'interprétation......

Notre droit est un droit austère ;...... mais soyons

hommes et ne regrettons rien. Seulement, pour être jus-
tes, examinons si ces formes dédaignées n'avaient pas de
sérieux avantages pour lesquels l'humanité a dû les con-
server long-temps. Elles liaient la loi morale à la loi
physique; la gravité de la formule, la muette terreur du
symbole, imprimaient la loi dans la mémoire..... La fixité
du signe, la solennité de la forme, balançaient utilement
la mobilité de l'esprit..... elle empêchait la logique de
précipiter son mouvement; le progrès s'accomplissait
avec lenteur et gravité, et rien ne périssait que ce qui
définitivement avait mérité de périr.

J'ai essayé, messieurs, de faire repasser sous vos yeux
le magnifique tableau tracé par l'auteur, en le rendant
plus net, plus précis, et en le dépouillant de ce vague et
de cette teinte de poésie vaporeuse où l'on peut reprocher
à M. Michelet de se perdre quelquefois.

Une double conclusion découle de l'ensemble de ses
recherches : 1° longue utilité des formules, d'abord con-
servatrices du droit, puis lentement productrices de son
rationalisme actuel; 2° révélation d'une communion du
genre humain, d'une fraternité d'idées entre tous les
peuples.

Son œuvre a cela d'éminemment utile qu'elle présente
aux jurisconsultes une immense variété de textes s'appli-
quant à toutes les parties du droit, et projetant sur la
science une vaste lumière.

Elle est encore éminemment morale, car elle élève
l'ame et épure la pensée. L'homme se sent meilleur en
présence de ces maximes, de ces usages qui rappellent la
dignité de l'union conjugale et la sainteté de la famille,
les douceurs de la vertu, l'infamie du crime, les principes de la charité universelle, les consolations de la

mort, les espérances de la tombe, et qui, dissipant les lourdes impressions de la vie matérielle, font succéder les émotions du cœur aux étroites préoccupations de l'esprit.

Ici, messieurs, me sera-t-il permis de vous dire les impressions personnelles que l'étude réfléchie des lois passées avait déjà fait naître en moi, et que les résultats acquis par M. Michelet à la philosophie du droit ont rendues plus profondes?

L'esclavage fut le signe caractéristique de l'antiquité : l'homme appartenait à l'homme; l'humanité, comme un vil troupeau, avait ses maîtres. Qui aurait prédit alors la ruine de cette vaste et puissante organisation sociale? Cependant le monde ancien est tombé, il s'est fondu sans fracas dans un monde nouveau. Le servage fut la première transformation de l'esclavage, l'homme appartint à la terre, il fut immobilisé, sa condition fut meilleure. Le servage disparut à son tour, emporté par des nécessités et des situations imprévues; les serfs affranchis devinrent des colons, cultivant en liberté la terre féodale qui leur avait été concédée, et toutefois payant une redevance, non-seulement comme indemnité due à l'ancien propriétaire, mais encore comme signe de leur dépendance primitive. Ces vestiges de l'autorité seigneuriale s'effacèrent, et le colon censitaire est devenu fermier. Sous mille autres faces les éléments sociaux se sont mis en harmonie avec la loi sacrée de la nature. Ces transformations successives révèlent évidemment un progrès logique, rationnel; pourquoi cette logique ne suivrait-elle pas son cours? Pourquoi l'état actuel de l'humanité en serait-il la dernière et immuable expression? Où est la borne fatale qu'elle ne doit pas franchir? Dieu a dit à

la mer : Tu n'iras pas plus loin ! mais il a laissé à
l'homme le libre arbitre et l'avenir.

Voyez : les priviléges de la naissance et de la richesse
vont chaque jour s'affaiblissant, les conditions se rap-
prochent, les rangs se confondent, l'égalité devant la loi
est acquise à tous, les droits politiques sont étendus à
un plus grand nombre, l'instruction se répand dans les
masses et avec elle s'élève la dignité individuelle ; partout
c'est le progrès, insensible mais forcé, inévitable, et tout
progrès est fécond. Pourquoi la domesticité ne monterait-
elle pas de plusieurs degrés dans l'échelle sociale, et
ne serait-elle pas destinée à quelque transformation nouvelle ?

Voyez encore : les propriétés territoriales se morcel-
lent chaque jour davantage, et l'agriculture encouragée,
heureuse occupation d'un grand nombre et source d'un
immense bien-être matériel, promet encore à d'autres ses
inappréciables bienfaits.

Le travail, naguères stigmatisé, reçoit aujourd'hui une
réhabilitation universelle ; récemment, dans des occasions
solennelles, des voix graves, des voix éloquentes lui ont
adressé un concert d'hommages. C'est une idée première,
un point de départ, une tendance des esprits, des mœurs,
des préjugés. Pourquoi un jour, à la suite d'un développement progressif, l'industrie, long-temps rebutée, puis
honorée, ne serait-elle pas une carrière ambitionnée ?
Pourquoi les capitaux ne subiraient-ils pas une division
analogue à celle des terres, et entraînant à sa suite,
comme conséquence forcée, l'esprit d'association ? Au lieu
de quelques hommes employant de nombreux ouvriers
pour rendre leur capitaux productifs, pourquoi ne ver-
rait-on pas un jour de nombreux associés unis dans un

même but et poursuivant par des labeurs communs un résultat profitable à chacun?

Pourquoi, en un mot, la distance qui sépare le présent du passé ne séparerait-elle pas un jour l'avenir du présent? Noble et sainte espérance dont peuvent se bercer les cœurs honnêtes, mais qui n'a rien à attendre des impatiences de l'ambition, des agitations et des calculs de l'envie, des rêves égoïstes de l'intérêt personnel, et qui se réalisera quand il plaira à Dieu, si elle est dans ses décrets éternels.

Les siècles passés, messieurs, ne sont peut-être qu'une heure sonnée dans l'immensité qui renferme les siècles futurs. Eh bien ! le monde et les siècles ne devraient-ils donc toujours être qu'une vaine création dont Dieu se joue? Les civilisations ne devraient-elles donc se succéder sans cesse que pour périr, comme l'air chasse l'air, comme l'onde pousse l'onde? Ayons foi, messieurs, en d'autres destinées. Après la naïve faiblesse de l'enfance, après les passions et les erreurs de la jeunesse, après la maturité inquiète de l'âge mûr, l'homme est réservé à l'innocent repos de la vieillesse, pourquoi la société universelle, qui a eu déjà divers âges, n'aurait-elle pas celui du calme suprême? Pourquoi les nations, se donnant un jour la main, ne viendraient-elles pas toucher au même port, et avant de mourir s'abriter un peu sous la même tente?

Inclinons-nous au moins devant ces sublimes mystères de l'avenir.

Je suis entré, messieurs, dans de longs développements sur l'état des études historiques du droit, parce que j'avais d'importants progrès à signaler. Félicitons-nous de cette impulsion donnée à la science, et formons des vœux pour qu'elle produise des résultats plus larges encore.

Avec l'histoire du droit le jurisconsulte philosophe s'é-lève aux plus hautes et aux plus consolantes méditations, avec l'histoire du droit le jurisconsulte pratique possède des règles précieuses d'interprétation, avec elle le légis-lateur lui-même est riche d'enseignements féconds ; car aujourd'hui la loi n'est plus considérée comme une dé-claration arbitraire du pouvoir qui la décrète, mais comme une émanation des rapports nécessaires des choses, lesquels résultent de la comparaison des temps passés avec les temps modernes, des besoins anciens avec les besoins nouveaux, et ne sont jamais mieux révélés que par l'étude attentive des essais divers échappés de l'in-telligence humaine.

Jusqu'à présent, messieurs, je ne vous ai entretenus du droit romain que comme intimement lié à l'histoire de notre droit ; je vais le considérer en lui-même, mais sans entrer dans de longs détails.

Depuis le commencement de ce siècle, le droit romain, qui appartient à toutes les nations par là même qu'il n'en régit plus exclusivement aucune, a fait de grands pro-grès sous le double rapport de l'histoire et des doctrines.

Des idées neuves sont dues surtout aux jurisconsultes allemands, qui, dédaignant les théories arbitraires for-mulées sans examen par les auteurs du siècle dernier, trop attachés à la méthode dogmatique, sont remontés aux sources, ont exploré les textes, et ont ainsi restitué à la science son véritable esprit.

Désormais l'*ager romanus* est bien défini ; c'est la terre

qui entourait Rome primitive, c'est le fondement aristo-
cratique de la puissance des patriciens, et par là s'ex-
plique l'état d'infériorité des territoires conquis qui res-
tent distincts du territoire privilégié de la république, et
dont les habitants n'ont pas le droit de cité. Désormais la
loi des douze tables n'apparaît plus comme l'œuvre de
décemvirs envoyés en Grèce, mais comme une loi essentiellement nationale, et, pour me servir d'une expression moderne, comme un pacte fondamental, arraché,
après de longues luttes, par les plébéiens aux patriciens;
et ainsi s'expliquent son inscription sur des tables d'ivoire
exposées dans le lieu le plus apparent du forum, et ce
culte dont elle fut l'objet jusqu'à la chute de l'empire,
et ce droit prétorien imaginé en présence des progrès de
la civilisation pour suppléer aux lacunes d'un texte primitif auquel on n'osait pas toucher. Désormais l'usage
n'est plus le droit accordé à quelqu'un de prendre les
produits d'une chose jusqu'à concurrence de ses besoins,
mais le droit de se servir de la chose, c'est-à-dire de
l'employer à toutes les destinations pour lesquelles elle
est faite, à moins, par exception, qu'il ne s'agisse d'une
chose dont on ne puisse retirer aucune utilité sans en
prendre les fruits. Désormais la possession n'est plus
seulement civile ou naturelle, elle est de trois sortes :
1° civile ; c'est celle qui, s'appuyant sur un juste titre et
sur la bonne foi, conduit à la propriété par l'usucapion;
2° proprement dite ; c'est celle qui donne uniquement le
droit de réclamer, pour sa conservation, les interdits
du préteur, par exemple, celle de la femme donataire de
son mari, qui ne peut pas prescrire, quoiqu'elle ait les
interdits, et celle du créancier qui, recevant un objet en
gage, possède sous tous les rapports, sauf aussi l'usu-

capion ; 3° naturelle ; c'est une simple détention comme
celle du fermier, de l'emprunteur ; et ce n'est qu'en ad-
mettant ces deux théories nouvelles sur l'usage et la possession qu'il devient possible de comprendre et de conci-
lier entre eux une foule de textes importants.

Enfin, les institutes de Gaïus, découvertes à Vérone
en 1816, sont venues rendre plus facile l'interprétation
de celles de Justinien auxquelles elles sont antérieures,
et révéler le système des Romains sur les actions.

C'est le journal *la Thémis*, fondé en 1820, qui a exposé chez nous les idées allemandes, et en même temps
MM. Berriat-Saint-Prix, Blondeau, du Caurroy, les fé-
condaient par leurs doctes ouvrages. *La Thémis* a cessé
de paraître en 1831, mais la marche scientifique ne s'est
pas arrêtée, le zèle des mêmes professeurs s'est continué,
et MM. Ortolan, Pellat, Quinon, Giraud et Beneche ont
publié à leur tour le fruit de leurs savantes veilles (1).

Mais voici qu'en 1837 a paru tout à coup un livre intitulé : *De l'étude et de l'enseignement du droit romain*, par
Bravard-Veyrières, professeur de droit commercial à la
faculté de Paris.

Le titre est certes très-inoffensif ; cependant, dès les
premières pages, l'auteur déverse sur le droit romain de
si amères critiques, que l'on s'attend à une proscription
absolue.

Il expose que les divers recueils du droit romain ont
été rédigés avec une déplorable précipitation, qu'ils offrent l'image du désordre, et que les textes qu'ils ren-

(1) Trois de ces auteurs sont nos compatriotes : MM. Berriat-
Saint-Prix et Pellat, professeurs à la faculté de droit de Paris,
et M. Quinon, professeur à la faculté de droit de Grenoble.

ferment ont été souvent altérés et à dessein par les jurisconsultes chargés de les extraire des sources primitives.

Il est vrai, messieurs, que ces recueils auraient
pu être composés avec plus de maturité et de fidélité,
mais est-ce à dire que, tels qu'ils sont, ils n'ont aucun
prix ?

L'auteur accuse l'obscurité des textes du droit romain,
et il la démontre par une série d'exemples.

De ce qu'un certain nombre de textes est obscur, faut-
il en conclure qu'ils le sont tous ?

Il y a des décisions étranges, subtiles, absurdes; c'est
possible ; mais quelle législation n'en renferme pas?
D'ailleurs M. Bravard est d'une sévérité extrême, et on
l'a accusé d'avoir quelquefois parodié au lieu de traduire.

Mais la seconde moitié du livre de M. Bravard forme
la contre-partie de la première. Il avoue que c'est à
Rome que le droit a en quelque sorte pris naissance,
qu'il a reçu le plus grand développement scientifique, et
que c'est de Rome qu'il s'est répandu sur l'Europe et sur
le monde; puis il démontre par des raisonnements et des
exemples que, sous plusieurs rapports, le droit romain
a conservé une grande utilité, et, traçant l'esprit qui
doit présider à l'enseignement d'un professeur de droit
romain, sa conclusion est qu'il ne doit être ni casuiste,
ni glossateur : le temps des casuistes et des glossateurs
est passé sans retour ! Cette exclamation termine son
livre.

On se demande, messieurs, dans quel but sérieux ce
livre a été composé, car je ne pense pas que personne se
représente le droit romain comme le type du beau idéal,
et qu'à cet égard il fût besoin de désabuser personne ;
je ne pense pas non plus que nul professeur de droit

romain nie la nécessité exprimée par M. Bravard d'éclairer son enseignement par des notions historiques, d'employer de bonnes définitions, des divisions judicieuses, et d'insister de préférence sur les matières qui ont des analogues en droit français.

Aussi, messieurs, la conclusion de ce livre n'a pas trouvé un seul contradicteur, il n'a donné lieu qu'à quelques observations de détail.

Or, si l'homme qui, par ses critiques mêmes, a le mieux prouvé qu'il avait une connaissance approfondie du droit romain, qui, par la hardiesse de ses idées et par la vivacité incisive de son style, a prouvé aussi qu'il osait et qu'il savait tout dire, a proclamé lui-même l'utilité du droit romain sainement étudié et sainement enseigné, disons, messieurs, que cette science, objet de vulgaires dédains, a désormais grandi de toute la puissance actuelle que lui a reconnue celui qui aurait pu en être le sérieux détracteur, et que dès lors dans la nature et les résultats de l'attaque il y a tout un progrès.

Un évènement d'une haute importance pour la science du droit a marqué les derniers jours de l'année qui vient de s'écouler.

Quatre facultés seulement possédaient des chaires de droit administratif, la plupart de création récente; par ordonnance du 12 décembre, le roi, sur le rapport de M. Salvandy, ministre de l'instruction publique, a créé des chaires semblables dans les cinq facultés qui n'en possédaient pas, et désormais, pour cette branche du droit, il y aura égalité d'enseignement dans tout le royaume.

La loi du 22 ventôse an 12, relative aux écoles de droit, avait prescrit l'enseignement du droit public et administratif, et cette loi avait reçu à cet égard dans la capitale une exécution immédiate qui fut bientôt suspendue.

Le droit public et administratif devait être en effet une chose à peu près vide de sens en présence du grand empereur ne relevant que de la victoire.

La restauration, accompagnée d'une charte, monument de sagesse, devait ramener avec elle un enseignement qui était dans son esprit.

Une ordonnance royale du 26 mars 1819 rétablit dans la faculté de Paris la chaire du droit public positif et du droit administratif français.

Elle fut de nouveau supprimée en 1822, puis encore rétablie en 1828.

Saluons donc aujourd'hui, messieurs, de notre reconnaissance et de nos vœux la grave innovation que j'ai signalée, et permettez-moi de vous dire en peu de mots comment elle comble enfin une déplorable lacune, et ouvre une ère de progrès pour la science.

Le gouvernement représentatif a changé la face du pays. Le pouvoir n'est plus concentré dans un petit nombre de mains ; il s'exerce par le roi, qui est le faîte majestueux et inviolable de l'édifice politique et administratif ; par les chambres, dont l'une renferme et attend sans cesse tous les genres d'illustration ; dont l'autre peut, à des époques périodiques, par un principe salutaire de mobilité, ouvrir ses rangs à de nouveaux interprètes des vœux et des besoins populaires ; par des fonctionnaires placés dans diverses catégories méthodiques, et enfin par des citoyens eux-mêmes, qui, dans les conseils de département, d'arrondissement et de commune, délibèrent sur des intérêts partiels sans doute, mais unis entre eux, comme les anneaux d'une chaîne dont on n'aperçoit ni le commencement ni la fin, par une communauté d'origine et de conséquences. L'élection, admise comme un des principes vitaux de notre constitution politique, vient encore jeter une classe nombreuse d'hommes dans le mouvement des affaires publiques, et la presse, semblable à une tribune toujours retentissante, évoque les anciens âges, vivifie le présent, stimule les intérêts, excite les individus, et établit au loin une sorte de communication électrique d'idées, de théories, de réflexions, de vérités et d'erreurs.

Or, je le demande, l'étude du droit public et administratif peut-elle être bannie d'un état constitutionnel ? N'est-elle pas la conséquence de son principe, le corollaire le plus vrai et le plus indispensable de son organisation ?

N'est-ce pas le droit public qui renferme la nature positive et rationnelle du gouvernement, ses éléments divers et ses bases constitutives.

Pourquoi cet ensemble, au lieu d'être mis en évidence, au lieu d'être commenté, développé comme toutes les branches possibles des connaissances humaines, resterait-il un mystère, ou tout au moins une obscurité pour les citoyens ?

Le droit administratif n'est-il pas la révélation extérieure du gouvernement ? N'est-ce pas lui qui indique les droits, les devoirs, et de ceux qui dirigent les affaires publiques, et des citoyens qui doivent connaître une loi tantôt pour en réclamer le bénéfice, tantôt pour l'exécuter. Et lorsque tant d'hommes sont dépositaires de l'action administrative, lorsqu'elle réfléchit sur tant d'autres qui sont nécessairement en contact avec elle, les positions réciproques n'ont-elles pas besoin d'être bien dessinées et bien comprises?

L'on étudie le droit civil parce que les personnes, la propriété et les manières de l'acquérir et de la transmettre, sont soumises à ses principes; les mêmes objets ne dépendent-ils pas aussi des lois administratives? On étudie la procédure civile et criminelle, parce qu'il y a des tribunaux civils et criminels, devant lesquels s'agitent de graves intérêts; n'y a-t-il donc pas aussi des tribunaux administratifs qui ont leur procédure, et leur juridiction le cède-t-elle à aucune autre en étendue et en importance?

Cependant des hommes ont douté, et il s'en trouve encore qui doutent même de la réalité de la science. Je réponds d'abord que le droit public est dans la charte, et que la charte est un code. Or ce code exprime des idées positives, et leur ensemble forme bien une réalité. Le droit public n'est donc pas une abstraction, mais une science actuellement formulée, se composant non point de théories vagues et capricieuses, mais de théories élaborées et véritables. Le texte de la charte peut être enseigné et étudié comme le texte d'un autre code; chaque article peut être l'objet de développements puisés dans le sens intime et dans les lois correlatives; ces développements peuvent être historiques, logiques et positifs; en un mot, on peut enseigner et étudier le droit public comme *une chose qui est*, et qui a *sa raison d'être*.

Quant au droit administratif, il est intimement uni au droit public, il en est le reflet et la mise en œuvre. On ne saurait l'accuser non plus d'être un type purement moral et arbitraire; c'est bien un être organisé et saisissable, ce n'est pas une conception possible, mais une conception accomplie.

Je sais très-bien qu'il n'y a pas de code administratif, mais la science n'en est pas moins existante, ayant un corps et une ame, son ensemble et ses parties diverses, sa pensée, son but et sa puissance d'action.

Les diverses matières régies par les lois administratives peuvent être rangées dans un ordre méthodique, et ces lois sont aussi des textes d'où l'on peut extraire une série de principes, un enchaînement de vérités, un corps complet de doctrines.

L'œuvre est difficile sans doute, mais, certes, elle n'est pas impossible.

On se préoccupe trop de l'absence d'un code, et l'on s'arrêterait moins à cette idée, si l'on savait davantage que la codification elle-même est l'objet de graves objections.

De bons esprits ont, en effet, pensé qu'il valait mieux laisser à la législation une libre carrière que de l'encadrer dans un code. Le droit grandit avec l'état moral des peuples; quand il est libre, il est plus facile au législateur de surveiller le progrès et d'intervenir pour constater, par des lois partielles et successives, les doctrines nouvelles, à mesure qu'elles sont reçues, les besoins nouveaux, à mesure qu'ils sont reconnus. Un code fixe trop bien l'état de la science, il unit, il resserre trop étroitement tous les éléments qui la composent; et alors l'on craint ou l'on dédaigne de toucher à quelques détails seulement. Quoi qu'il en soit de cette controverse sérieuse, elle suffit pour démontrer que l'enseignement et l'étude du droit administratif ne devaient pas être différés, faute de codification.

Je ne crains pas d'ajouter que le droit administratif est destiné à marcher avec le temps, qu'il est essentiellement exposé à des variations et à des transformations succcessives ; des travaux privés seront nécessaires, et il en est déjà qui ont rendu un grand service à la science ; mais la codifier 'législativement ce serait arrêter son essor, ou bien faire une œuvre inutile, parce qu'il faudrait bientôt la recommencer.

Il me reste à détruire une objection qui est dans quelques esprits : l'enseignement du droit public et administratif adressé à la jeunesse leur paraît dangereux.

Encore une fois, il ne s'agit pas d'exposer des théories arbitraires et spéculatives, de nature à recevoir des couleurs plus ou moins séduisantes, et à égarer des imaginations faciles.

Il s'agit d'enseigner une science qui est, et telle qu'elle est.

Nos mœurs, nos habitudes, nos lois actuelles portent les citoyens à s'intéresser aux faits, aux évènements qui s'accomplissent : la vie d'un grand nombre peut être politique, une éducation politique doit lui être offerte.

Le mouvement des esprits ne saurait désormais être arrêté; il faut donc le régulariser. Quant au pouvoir proprement dit, aujourd'hui, messieurs, il est, par son essence même, au-dessus de vains scrupules dont le temps est passé.

Et si, par la nature de son enseignement, le professeur est amené sur le terrain de la politique, il lui sera facile de ne pas se montrer animé de passions exclusives ; sa parole sera digne et calme, comme il convient dans le sanctuaire de la science.

Pour lui, la patrie peut offrir à toutes les époques

des traditions qu'il adopte, des souvenirs auxquels son cœur et sa pensée se rallient.

Clovis, composant la monarchie française avec deux nobles éléments, le christianisme et la victoire ; Charlemagne, lui donnant la double illustration de la force et du génie ; saint Louis l'honorant par la justice, dont il fut le restaurateur, par sa piété, à laquelle il sut ne pas sacrifier les prérogatives de la couronne, par sa valeur dans les combats, et mourant sur la terre étrangère en léguant à la France tous les germes de la civilisation éclos sous son règne ; Philippe-le-Bel, hâtant l'œuvre de la nationalité civile par son énergique résistance aux prétentions ultramontaines de Boniface VIII ; Louis XII, bien digne du surnom de *père du peuple* ; François Ier, protégeant les lettres et les arts, et résumant dans un mot célèbre tout l'instinct français ; Henri IV, dépouillé par le fanatisme et faisant le premier pas vers la tolérance religieuse ; Louis XIV, grand par lui-même et par le cortége immortel d'hommes illustres qui recevaient de lui la gloire et qui la lui rendaient ; la république, avec ses dévouements et son héroïsme ; l'empire, avec ses destinées fabuleuses, qui s'apprennent, mais ne se définissent pas ; la restauration, essentiellement civilisatrice et portant la victoire sur le sol africain, quand elle-même allait disparaître au souffle populaire, comme si, en France, tout ce qui tombe et passe devait s'ensevelir dans un souvenir de gloire ; quel ensemble majestueux et par combien de titres la patrie aura conquis l'affection du professeur qui expose son droit public et administratif ! Si, au contraire, nous songeons aux princes qui l'ont opprimée, aux maux qu'elle a soufferts, et aux naufrages dans lesquels elle aurait pu périr, com-

bien elle doit lui être plus chère encore, et combien il
doit chercher à faire bénir les gages présents qui ont
coûté tant d'efforts (1) !

Messieurs, je touche au terme de la carrière où votre
attention a bien voulu me suivre. En résumé, le droit,
que je n'ai considéré aujourd'hui, je le répète, que sous
ses rapports essentiellement scientifiques, est en progrès;
il s'harmonise avec nos institutions et nos mœurs nouvelles. Il dépouille l'esprit étroit et exclusif qui en arrê-
tait l'élan ; il s'épure, il grandit ; par l'étude des lois
étrangères, qu'un savant magistrat, M. Foucher, avocat général à Rennes, fait passer dans notre langue et
publie dans notre pays, il marche à la conquête des idées
utiles appliquées chez les autres peuples. Enfin, il devient
critique, philosophique, rationnel; il est plein d'avenir.

Toutefois, les progrès que je signale sont lents; la
France n'est pas essentiellement scientifique parce qu'elle
est éminemment politique : c'est là un tort, c'est un mal-
heur.

Mais au moins, messieurs, quand la divinité du jour
absorbe et use tant d'absurdes adorateurs, que la science
accoure aux asiles qui lui sont ouverts, et qu'elle cher-
che à multiplier ses adeptes : étudions, messieurs, soyons
travailleurs sans relâche ; nous passons ici-bas, et c'est
par l'étude que l'homme répond le mieux à la grandeur
de ses destinées.

(1) Une ordonnance royale du 1er février a nommé M. Jules
Mallein, avocat à Grenoble, professeur de droit administratif à
la faculté de cette ville. C'est par un tel choix que se justifiera le
mieux, dans nos contrées, la haute utilité de cet enseignement.

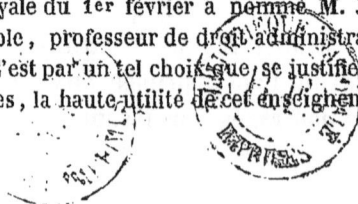

www.ingramcontent.com/pod-product-compliance
Lightning Source LLC
Chambersburg PA
CBHW060453210326
41520CB00015B/3928